LE THÉATRE

ET LE

JOURNALISTE

PROFESSEUR

A-PROPOS EN 24 PAGES

Prix : 50 Cent.

EN VENTE :

CHEZ LES PRINCIPAUX LIBRAIRES

—

1869

LE THÉATRE

ET LE

JOURNALISTE

PROFESSEUR

A-PROPOS EN 24 PAGES

Prix : 50 Cent.

EN VENTE

CHEZ LES PRINCIPAUX LIBRAIRES

—

1869

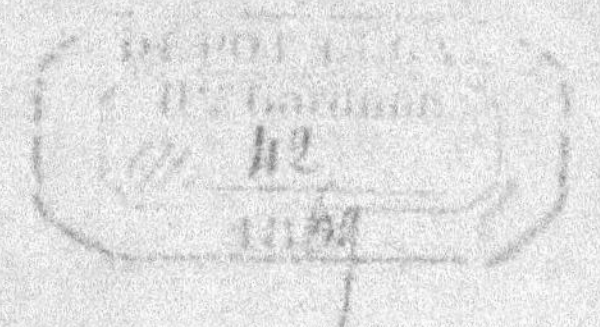

Toulouse, imprimerie Caillol et Baylac, rue de la Pomme, 34

LE THÉATRE

ET LE

JOURNALISTE-PROFESSEUR

Je veux, lâchant la bride à mon impatience,
Essayer d'imposer un trop juste silence
A l'écrivain diffus, au Thersite assommant,
Qui de répit jamais ne nous laisse un moment ;
Qui, serviteur zélé, pour se faire connaître,
Couvre en l'applaudissant la parole du maître ;
Qui, toujours désireux de flatter le pouvoir,
Sous son nez tout-puissant agite un encensoir
Dans lequel, chaque jour, sa main obséquieuse
Brûle l'encens épais de sa prose ennuyeuse.

(A. DE ***)

En écrivant ces pages, je ne cède à aucun sentiment intéressé ; je viens remplir un devoir, et signaler les honteuses manœuvres dont se rendent coupables les rédacteurs d'un journal qui s'intitule : le *Messager de Toulouse*.

Quelle que soit mon opinion sur certains écrivains, je prie les journalistes de notre ville de ne voir dans ma brochure qu'une protestation contre quelques hommes qui font litière de toute dignité, et qui amoindrissent l'honneur de la presse. Je sais, grâce à Dieu, faire la différence qui existe entre des esclaves et des esprits élégants, vigoureux, distingués, que les questions d'art, que les principes sociaux, savent attirer et préoccuper.

Avant d'aborder le sujet qui m'a fait prendre la plume, je veux nettement déclarer, quoique cela ne soit pas nécessaire, que je ne suis le porte-voix d'aucun parti; que je me tiens en dehors de toute coterie, et que les nouveaux directeurs de nos théâtres me sont inconnus.

Depuis fort longtemps, par position comme par goût, j'adore l'art dramatique, et je me plais à déclarer qu'il a toujours été l'objet de mes plus ardentes études. Une bonne interprétation est une chose précieuse; mais une excellente direction est vraiment une rareté. Et si les noms de MM. Lafeuillade, Bouvard et Vachot, restent dans nos mémoires entourés de tout respect, les souvenirs laissés par MM. Montcavrel, Cominges et par bien d'autres, nous rappellent l'incurie, l'ignorance, la maladresse.

On sait combien M. Cominges s'est joué du public, si exquis appréciateur des beautés artistiques. Pendant plusieurs mois, en effet, à l'imitation de Montcavrel, ce bonhomme de bois, M. Cominges nous a exhibé des comédiens de carton et des chanteurs poussifs. Il a fatigué, ennuyé, lassé toute une société pour laquelle les doux loisirs de la soirée s'écoulent dans une salle de spectacle. Et le jour où il est enfin tombé sous le poids des fautes et des faux calculs accumulés sur sa tête, nous avons été menacés de voir les portes de nos théâtres fermées, et des familles nombreuses, qui vivent de nos plaisirs, réduites aux embarras, aux angoisses de la misère.

Un homme intelligent et justement estimé, qui avait rendu quelques services à Cominges, et qui était suffisamment initié aux diverses choses intérieures du théâtre, a bien voulu, au milieu de l'année et quand la meilleure saison était passée, accepter une direction en désarroi, et, en mettant en mouvement tout un vaste mécanisme compliqué, varié, embrouillé, rendre la tranquillité à ce monde intéressant et honnête qui travaille dans les coulisses et aux alentours.

Les rédacteurs de nos journaux ont su comprendre cette délicate situation, et les gens de cœur ont approuvé, encouragé les actes de cette nouvelle administration, qui, en élaguant les monstruosités, les difformités qui encombraient notre scène dramatique, a révélé pleinement toute sa bonne volonté. Eh bien! cette position particulière, très difficile, n'a pas été comprise par le journal le *Messager;* et je vais le morigéner pour cette injustice qui est propre à faire jaillir de nos lèvres des paroles brûlantes. J'ai entendu, au reste, dire bien des choses méchantes contre le maître d'école, qui, après avoir fait expulser MM. Valadier et Varembey de cette feuille inqualifiable, trône en sultan sur les annonces légales. Mais je resterai dans des limites modérées, et ainsi , je l'espère, il me sera permis d'exprimer toute ma pensée.

Sous ce titre : *Théâtre*, la chronique locale du *Messager* renferme depuis quelques jours des articles hostiles à la direction et à ses intérêts. On y voit de violentes attaques contre la distribution des pièces , contre les artistes même.

Cette mauvaise humeur m'avait un peu étonné, connaissant la prodigalité excessive de nos directions passées et présentes à l'égard du journal qui est aux ordres de la préfecture. Sur une observation faite devant quelques amis qui laissait percer mon vif étonnement, j'ai reçu d'un habitué des théâtres la réponse suivante :

« Le nouveau directeur, voulant avant tout respecter » son public et se conformer au cahier des charges, » n'ayant pas besoin des éloges payés, a signifié à l'*Aigle*, pardon, au *Messager*, qu'il devrait à l'avenir s'ar» rêter au contrôle , et ne plus se borner à donner à » MM. les employés de jésuitiques poignées de main. »

Voilà donc l'explication réaliste de toutes les attaques qui , sous forme de lettre ou autrement, remplissent, d'une manière fastidieuse, les colonnes du *Mesager*.

Vous avez beau, MM. les rédacteurs, changer le nom de votre feuille , il est une chose qui reste toujours la même dans vos bureaux et vos écrits, et je laisse avec indulgence à mes lecteurs le soin de la deviner.

Du temps de ce bon M. Roumeguère, son journal consacrait tous les jours quelques lignes au spectacle du soir , et alors elles étaient extrêmement élogieuses. Les

temps son changés! M. Roumeguère, de poétique mémoire, s'enthousiasmait devant un *Monsieur qui prend la
mouche*; et M. d'Hugues, la main sur la conscience et
en toute franchise, déclare maintenant que les beaux
jours du théâtre sont finis.

Lecteurs, vous avez le mot du mystère: une question
d'argent est, hélas! le principe des convictions et de
l'honorabilité dans un certain monde!...

Il serait cependant très facile de prouver à ces gens-
là que le théâtre doit occuper, dans une feuille quoti-
dienne, une place fort restreinte. En effet, ceux qui y
vont n'ont pas besoin d'être éclairés, guidés, de re-
cevoir des conseils; ils jugent d'après leurs impressions,
et, j'en réponds, très sainement. Quant aux indifférents,
qui constituent la majorité de la « *matière abonnable* »,
comme on dit gentiment dans les bureaux de la rue
Temponières, eh bien! un compte-rendu leur importe
peu. Mais allez donc faire comprendre le vrai, l'utile,
dont la perception exige tant de tact, à des hommes
dominés et emportés par l'égoïsme, par la vanité, par la
passion!...

La vanité, cette puérilité, cet enfantillage de l'orgueil,
vous aveugle, Monsieur d'Hugues. Vous vous imaginiez
exercer une autorité despotique; et parce que vous
vivez dans un certain ordre d'idées, vous avez cru être
un petit dictateur. Vos colères, pensiez-vous, devaient
faire tomber à vos genoux un directeur revêche. — Vous
jugiez les autres d'après vous-même. — Une direction
compte sans doute avec la presse: elle doit subir la loi,

toujours bien douce, car le talent est sympathique, d'un Janin, d'un Gauthier, de tous ces maîtres charmants qui, d'un sujet insignifiant, savent faire une leçon d'élégance et de goût.

Mais elle a aussi, et largement encore, le droit de regarder, sans se troubler, et même avec dédain, un magister qui a passé son temps avec des marmots qui récitaient les fables de Florian, et qui, tout au plus rompu aux sécheresses du *hic*, *hæc*, *hoc*, veut se transformer ambitieusement en critique, en rival de ces agréables littérateurs qui ont pour sceptre une plume d'or, et non une férule et une robe puante.

La passion vous trouble le cœur et égare votre esprit, Monsieur d'Hugues. Vous aimiez à compter fleurette aux actrices, à papillonner autour de nos agiles danseuses, en tout bien tout honneur, j'aime à le croire ; et voilà ces portes enchantées, qui s'ouvraient sur de riantes perspectives, inexorablement closes. Croyez-moi, consolez-vous de ce malheur, si c'en est un, en lisant Aristote. Le temps est pour vous un capital, sachez donc l'exploiter. Nourrissez, élevez, fortifiez votre intelligence ; la solitude vaudra mille fois mieux que la dissipation et les plaisirs. D'ailleurs, après trente ans, c'est ridicule et laid que de vivre à la façon d'un cocodès. Pour moi, c'est le métier d'être au milieu de ces bons et braves cœurs. Quant à vous, votre place n'est pas là. Que de fois on a vu les pompiers de service, ornés d'un casque reluisant, se distraire et s'amuser en écoutant, au foyer des artistes, vos paroles abondantes et mielleuses.

Vous réserviez, disait-on, la partie la plus succulente de votre cours pour la distribuer en gais propos à des oreilles qui, ajoutait-on, préféraient la musique de Meyerbeer et les arabesques offenbachiques. Allons, pédagogue, corrigez des versions, dictez des thèmes, et n'oubliez pas que vous êtes rivé, comme le mulet à son poteau, aux tristes et maussades examens du baccalauréat.

L'égoïsme ronge votre âme, Monsieur d'Hugues : je vais choisir un exemple dans le journal où vous écrivez. Alors que la liberté de la presse n'existait pas, vous étiez acerbe dans vos polémiques ; aujourd'hui, vous êtes doux, mais doux..... Un jour vous avez vu Durandal se détacher de son clou, et vous avez confié les articles qui exigeaient un peu d'étourderie à l'un de vos collaborateurs, en lui disant : « Allez en avant, on vous admire ; votre supériorité est dans la polémique. »

Quant à ce dernier rédacteur, j'attends qu'il ait dix ans de journalisme officiel pour consentir à m'occuper de lui sérieusement. Il est encore tout novice, gêné dans ses entournures ; et, en attendant que petit poisson devienne grand, je déclare que ce jeune écrivain a les jarrets cassés, et que son esprit est boutiquier, comme des malins, au nombre desquels je mets M. d'Hugues, se plaisent à le répéter.

« Il est des têtes, a dit M. Joubert, qui n'ont point de « fenêtres et que le jour ne peut frapper d'en haut ; « rien n'y vient du côté du ciel. »

1.

Appréciez plutôt, chers lecteurs ; je vous transmets ici un échantillon de style et de dignité.

Première citation :

« Je voudrais avoir les franches *coudées* des chroniqueurs parisiens et nommer, *comme ils le font tous*, en vous décrivant leurs ravissantes toilettes, les *jeunes dames* dont l'élégance et la distinction m'ont le plus frappé. Il est vrai que j'aurais beaucoup à faire et que la *nomenclature* serait longue, *parlant* d'une réunion d'élite où les familles les plus aristocratiques de la cité et du *dehors*, parmi lesquelles ma mémoire a retenu les noms de Mangon, d'Orgères, de Cizancourt, de Roquemaurel, de Cambolas, de Loubens, de Roquette, de Montbel, de Séganville, de Champreux, de Guers, de Saint-Lieux et de Villégly avaient des représentants ; mais cette *revue* aurait trop de charmes *pour moi pour que* ce plaisir pût *me fatiguer*. Je ne cède donc qu'en protestant à un préjugé *injustifiable*, et que je mets au défi M. de Guilloutet lui-même de *justifier*. »

Deuxième citation :

« A deux heures du matin, *l'ouverture* du buffet a interrompu les danses pendant quelques instants. Dire que tout était abondant et succulent serait superflu, *puisque les hôtes et le lieu vous sont connus* et *qu'il* était impossible *qu'il* n'en fût pas ainsi. »

Troisième citation :

« Enfin, à quatre heures un quart, *le dernier plateau*, chargé de rafraîchissements, *traversait une dernière fois* les salons de la préfecture, *la dernière vibration du piano laissait mourir son mélodieux accord* et la fête expirait au moment *où naissait l'aube.* »

(Lire en entier, pour l'édification complète du lecteur qui sait vivre et qui a marché dans un salon, la causerie du dimanche, 7 février 1869.)

Ce jeune homme qui s'occupe des théâtres, comme s'il est possible de connaître les choses d'art quand l'esprit est châtré et dépourvu d'atticisme, de grâce, d'élévation naturelle, a vu ses terres envahies par celui qu'il regarde comme un modèle. La plume de M. d'Hugues, comparée à celle du confrère qui n'a jamais su rédiger un article ferme et concis, qui n'a jamais vécu que sur les bords de la Garonne (c'est lui-même qui nous l'a dit dans une de ses chroniques), était supérieure, mieux douée ; il avait plus de rouerie à sa disposition, pour dissimuler le but mesquin et bas qui guidait sa pensée venimeuse.

On me dira peut-être naïvement : Mais la chronique locale est signée Lebon ; dès lors le professeur à barbiche est étranger à cette mauvaise action. Permettez-moi de répondre : C'est lui qui a fait le coup. Qui a intérêt, dans cette officine, à éructer de pareils articles avec cette persévérante application, cette fixité d'insolence ?.. Abstraction faite de toute preuve morale, et sans compromettre personne, je me borne à affirmer que ces pamphlets sont de cet homme qui, après avoir suivi en courtisan le char de la République, est passé sous la petite porte pour se mêler au groupe des admirateurs.

Regardez-le, tous les matins, portant sous son léger costume, et avec la gaucherie d'un tempérament lymphatique, son étroite science de publiciste. Rien qu'à mesurer cette maigre personnalité, on sent que l'écrivain a retourné plusieurs fois son âme et son cœur. Disons notre pensée : il est semblable à un dieu des Métamorphoses d'Ovide. Je regrette de ne pouvoir maintenant disséquer du bout de ma plume les bulletins politiques de ce latiniste médiocre ; je serais heureux de montrer ses tâtonnements, ses variations, ses réticences...

Revenons à notre sujet.

Dans un de ses derniers articles, il se moquait du *calculateur* qui était à la tête de l'entreprise des théâtres. Blessé dans son amour-propre, dans ses petites passions, il se venge par de méchantes attaques ; car il n'ignore pas qu'il est préférable de voir une direction théâtrale entre les mains d'un homme dans une position brillante, plutôt que sous la griffe d'un individu dont elle est l'unique proie, et qui l'exploite en disant : Après moi, le déluge !

C'est vraiment fâcheux, pour un homme mûr, que de manquer à ce point de mesure, de sagesse. Voilà M. d'Hugues que je traite avec le sans-façon que je me permettrais de déployer à l'égard d'une chanteuse de café-concert ; et, tout bien examiné, c'est sa faute.

Déjà on l'a rudoyé assez vigoureusement, et, au lieu de pousser des cris de paon égorgé, il est resté dans un discret silence. S'imagine-t-il, par hasard, que les attaques qui surgissent de temps en temps contre lui sont inspirées par la jalousie ? C'est là une manière aisée et très flatteuse d'expliquer nos haines. Quoi qu'il en soit, je me demande ce que doivent penser les confrères de M. d'Hugues, en le voyant ainsi inquiété, tourmenté, fustigé. L'un d'eux m'avouait dernièrement que M. d'Hugues avait l'esprit diffus et peu sérieux ; qu'il se permettait de parler des auteurs étrangers après les avoir feuilletés dans des traductions ; qu'il avait eu beaucoup de peine à se maintenir à Toulouse, et j'entendis d'autres révélations fort malicieuses sur lesquelles je ne veux pas appuyer, parce qu'elles se sont répandues un peu partout, je crois. — Passons.

Je comprends que M. d'Hugues n'ait pu obtenir l'approbation de ses collègues. Sa vie en dehors, livrée au bruit, aux frivolités, aux curiosités, explique une situation embarrassante, pénible, qui lui est faite à la Faculté des Lettres. Pendant que le professeur s'exerce dans les travaux faciles d'un journalisme qui n'est pour lui qu'un métier, l'un de ses confrères, sur l'aile de la pensée, s'élève vers ces régions pures qui touchent à l'infini, et, dans des études austères qui apprennent la science de l'âme, il nous enseigne nos devoirs, et nous trace les lois de l'humanité. Alors que M. d'Hugues prépare à la hâte un morceau quelconque sur la littérature étrangère, un savant historien, après de fortes méditations, expose les diverses phases des sociétés et les principes qui les unissent et les rapprochent. Tandis que notre personnage fraternisait, dans une salle de spectacle,

avec un certain *monsieur*, un éloquent professeur de la
Faculté des Sciences, en portant ses procédés d'investi-
gation sur un grave sujet, obtenait à Paris un écla-
tant triomphe. Eh bien! quand je vous disais que
M. d'Hugues jouait à peine les rôles de comparse à la
Faculté, je ne vous trompais pas. Comparez-le à un de
ses estimables confrères, à l'un des plus nuls même, et
de cette comparaison sortira un échec pour notre journaliste. On peut, en définitive, être privé d'intelligence,
cela se voit tous les jours; mais on remplace un man-
que de vivacité d'esprit par une mâle vertu, par des
qualités pratiques et modestes, par une ouverture et
largeur de cœur qui fait oublier toutes les défaillances,
pour ne laisser rayonner sur une physionomie qu'une
chose délicate et exquise, la bonté.

L'année dernière, quand la brochure : *Un professeur-
journaliste*, cette mordante et hygiénique satire, parut
dans le bureau du journal, vous étiez ému, monsieur, et
tremblant; vous écoutiez, profondement troublé, cette
saine et véridique parole qui vous brûlait les joues. A
mon tour, je viens vous répéter ce qu'on dit de votre
talent et de votre caractère.

Puisque je m'occupe d'un magister, il faut bien
faire un peu de pédantisme, et je vais montrer le bout
du fouet de Juvénal :

> Prima fere vota, et cunctis nottissima templis,
> Divitiæ ut crescant, ut opes, ut maxima toto
> Nostra sit arca foro.......

Qu'il daigne écouter ce bon Horace, qui eut tant d'aversion pour les cancres et les sots :

..... Populus me sibilat, at mihi plaudo
Ipse domi, simul ac nummos contemplor in arca.

En homme avisé, M. d'Hugues posa, dès son arrivée à Toulouse, les fondements d'une situation enviée par lui de longue date. Il se faufila d'abord dans les bureaux de l'*Aigle*, et il fit paraître quelques études littéraires qui s'éclipsèrent vite devant un discours plein de traits spirituels, justes, qui sortirent d'une bouche souriante. Il n'a pas oublié, certainement, notre journaliste-professeur, cette journée douloureuse où un sage lui fit entendre, aux Jeux-Floraux, de rudes et fines et piquantes vérités. Il reçut alors sur ses larges épaules une bonne volée de bois vert, et il a pu en faire provision pour plusieurs hivers.

Je ne désire pas vous voir quitter le *Messager*; je suis trop votre adversaire pour former un pareil souhait ; au contraire, restez-y fort longtemps.

M. d'Hugues a plus de lymphe que de sang, plus de sang que de muscles, plus de muscles que de nerfs; il a cette vulgarité d'idées à laquelle les niais de la terre, quand ils la rencontrent, ôtent leur chapeau comme à une ancienne connaissance. Ce qui est incisif, épanoui, sonore, il ne faut pas le demander à cet esprit, qui a la lourdeur sans le poids, l'épaisseur sans la résistance, et qui est finalement gai comme une bougie qui brûle dans la chambre d'un mort.

J'ai connu des publicistes ayant des convictions, les Ribeyrolles, les Paya, et d'autres qui vivent auprès de nous, dont j'ai l'honneur d'être l'ami ; ils luttent vaillamment, et nous savons leur exprimer notre gratitude. Quant à ceux dont il ne nous reste qu'un souvenir, vous pouvez demander à nos frères quel est le culte d'admiration que nous leur avons voué. Si je détourne mes regards de ce monde étroitement lié, qui écoute le cri de sa conscience, et si je parcours votre camp, j'y remarque ceci : quelques appointements tant qu'on travaille, et après, l'oubli. Vous chercheriez en vain les amis de ce pauvre Paulin Limayrac. Je l'ai connu intimément : il avait le rire aux lèvres, une grande douceur d'esprit et de manières en apparence ; mais sa plume souple, flexible, portait un immense préjudice à l'homme du monde ; et le jour de son départ pour la préfecture de Cahors, cet écrivain, qui avait passé plus de vingt ans à Paris, ne put serrer la main de personne. Il s'était d'abord révélé dans la défense de l'idée démocratique : grâce à sa variété d'esprit, il avait su promptement conquérir l'estime de ses confrères ; mais quand cette existence probe disparut dans une apostasie sans limite, les premiers amis se détournèrent, et, dans cette nouvelle période de journalisme, en contact avec des gens ambitieux, il eut fiévreusement à lutter jusqu'à l'heure où, surpassé par de plus adroits, il dut, brisé, vaincu par tant d'efforts, se résigner à aller mourir dans son pays natal. Limayrac, dans cette petite ville, après les agitations bruyantes, stériles, de la capitale, dut faire de sombres réflexions ; et je donnerais ses *coups de plumes sincères* pour quelques pages de confession où il aurait ouvert son âme humiliée.

Mais descendons plus bas, dans une sphère plus petite qui est la nôtre. Regardez vos prédécesseurs. M. Valadier a été comme vous, un louangeur quand même, et il a disparu de la scène. M. Varembey est maintenant rédacteur d'un journal de l'opposition. M. Roumeguère, qui aimait l'archéologie, et qui cherchait à travailler dans l'ombre, dirige une fabrique de vermicelle. C'est, ou dans le silence, ou dans des rangs opposés, ou dans l'industrie, que finissent nos publicistes bien pensant de province.

Quant à vous, Monsieur d'Hugues, vous n'achèverez pas vos jours dans l'industrie ; vous avez trop d'imagination pour vous plier, pour vous astreindre à un travail ingrat et obscur, mais qui serait bien préférable à ce que vous faites. Vous ne vous soumettrez pas davantage à ce silence qui convient à l'homme imparfait et perfectible. Mais ce que vous ferez dans un temps que mon œil distingue déjà, j'aurai soin de vous le dire bientôt dans une brochure politique. Patience ! si Dieu me laisse encore quelques années sur la terre, ce que j'ai tout droit d'espérer, j'aurai la satisfaction de vous dire souvent, en face, carrément, ce que je pense. Mon pet't monsieur, prenez-en votre parti : j'ai l'œil sur votre épaule ; je m'attache à vos pas, et j'entends des voix qui me disent : Bravo ! courage !

Je prie mes lecteurs de ne pas se moquer de l'intention que j'ai, malgré ma barbe et mes énergiques allu-

res, de devenir l'ange-gardien de M. d'Hugues. Malgré
toutes les railleries auxquelles je m'expose, notre personnage peut compter sur moi et sur ma plume. Je la
voudrais plus fine, plus aiguë, cette plume ; mais elle
va droit au but, et en somme, telle qu'elle est, elle fait
convenablement mon affaire.

Si quelqu'un me faisait observer que j'exagère l'im-
portance de cet écrivain sans esprit, que je l'exhausse et
que je le remplis de vent, je répondrais : Tous les jours
Figaro nous parle du candidat humain M. Berton, et on
ne prend pas au sérieux M. Berton, malgré la publicité
qu'on lui accorde. J'en dis autant de M. Belmontet. S'il
suffisait de parler d'un individu pour qu'il devînt un gé-
nie bienfaisant et moral, Erostrate et Zoïle seraient les
divinités du monde.

Il me paraît utile de fouetter M. d'Hugues, ce bonhomme incolore, pour faire éclater à tous les yeux que
l'instruction, soigneusement dirigée, fait les Deschanel,
les About, les Taine, et que la légèreté engendre des
hommes sans talent et injustes.

Vous avez quarante-quatre ans, Monsieur ; à cet âge il
faut être impartial. Vous avez ouvertement trois cents
francs par mois, pas tout à fait autant qu'un passable
artiste dramatique. Ces appointements sont énormes, si
je m'occupe de ceux de votre confrère qui sont de cent
trente francs. Mais, franchement, aux yeux des profanes,
vous êtes là au rabais. Il est temps de devenir sérieux ;
en réfléchissant, vous reconnaîtrez qu'il n'est pas conve-
nable de se cacher derrière M. Lebon, et encore moins

sous le pseudonyme de Bordier. Ce dernier nom ne cadre pas assez avec certains articles qui exhalent une forte odeur de fumier.

> Ridebit monitor non exauditus : ut ille,
> Qui male parentem in rupes protrusit asellum
> Iratus : quis enim inventum servare laboret ?
> Hoc quoque te manet, ut pueros elementa docentem
> Occupet extremis in vicis balba senectus.

Je traduis ces vers que tout homme qui a vécu dans un collége sait par cœur, pour être compris de votre savant et attique confrère. Je vous laisse le soin de lui expliquer mes deux précédentes citations.)

« Rira bien celui dont tu n'auras pas suivi les conseils ; il fera comme ce rustre qui, ayant affaire à un âne qui ne voulait pas obéir, le poussa de colère dans le précipice. Pourquoi s'obstiner, en effet, à sauver qui veut périr ? J'oubliais ; tu as encore une chance, c'est que les vieux maîtres d'école des faubourgs s'arrangent de toi pour montrer à lire aux enfants. »

La jeunesse travaille. Le beau, le bien, le vrai, cette trinité admirable et sainte, apparaît splendidement dans son âme ; et si parfois quelques éclairs, rapides et profonds, semblent nous indiquer une prochaine rénovation de la vie morale, il ne faut pas que les conducteurs de nos enfants arrêtent, par leur exemple et leur conduite, de nobles résolutions, d'héroïques tentatives. Assez tôt viendront les désillusions, les faiblesses, les vertiges ; il faut bien se garder de les provoquer avant l'heure. A la

jeunesse appartient les adhésions spontanées, les sympa-
thies cordiales, les longs dévoûments. Garde tes vertus,
ô jeunesse, elles sont ta puissance, elles te rendront ca-
pable de réaliser tes légitimes aspirations, si tu ne te
laisses pas enivrer par les rhéteurs !.....

Le siècle appartient à qui sait le comprendre. Pour le
comprendre, tu es mieux placée que personne, car tu
n'as à venger aucune déception, à satisfaire aucune
vanité.

La vérité, fille du ciel, a, comme la religion, ces
Judas pour lui donner le baiser des traîtres, et ces Tho-
mas pour douter de sa divine origine. Les aventuriers
de lettres prennent le vent qui souffle ; et, aventuriers
sans énergie, ils tâtent l'eau avant de s'y jeter ; ils croient
que les idées ou les événements ne créent pas des devoirs. En présence de ces laquais de la fortune, nous
devons atteindre à cette indépendance où l'on ne craint
pas de paraître implacable ; et on l'est en restant juste.

Ceux qui considèrent l'art comme un métier, et le drame
comme un gagne-pain, peuvent obtenir quelques succès
éphémères, mais ils sont au nombre des victimes de la
rhétorique. Parmi ces écrivains qui tendent la main, il
en est peu, s'ils sont sincères avec eux-mêmes, qui ne
s'avouent, à la fin de leur journée, ce que disait une
femme célèbre, Mlle de Lenclos, à ses derniers moments :
« Qui m'eût proposé une pareille vie, je serais morte
de désespoir. »

On a affirmé que le journalisme est un sacerdoce ;
cette vérité, je la proclame avec toute l'énergie de mon

cœur, sans craindre les petits gredins qui font le trottoir
parisien, et qui, l'escopette au bras, et avec une sensi-
bilité qui pue la tombe sous ses dehors, comme les mo-
mies sous leur rouge, font la chasse aux idées généreuses
et contraires au scepticisme qui asphyxie la conscience,
qui amollit et détrempe les fortes pensées, les fières
décisions.

On ne s'efforce pas vainement de faire circuler, sous
une forme sincère, variée, populaire, le sentiment moral,
qui est aux choses extérieures, ce que l'âme est au
corps, et sans lequel les merveilles de l'industrie, de
l'art, de l'imagination, ne sont que lettres mortes ou
leçons abjectes de matérialisme. S'il n'y a rien de plus
triste que de voir un courtisan exercer inutilement ce sot
métier, rien n'est plus beau que l'abnégation. Du désin-
téressement et du sacrifice, sur une échelle énorme, sont
sorties les nations païennes pour devenir des peuples
chrétiens; et, quand les nations chrétiennes, à leur
tour, auront sombré dans tous les vices, elles n'auront
à espérer, pour se régénérer, rien de plus puissant et
de plus noble que ces deux vertus.

La littérature dramatique, sous l'influence d'une
presse brutale, achève de se précipiter vers l'abîme
par une pente irrésistible. Dans notre société à l'améri-
caine, affairée et vouée à tous les tripotages qu'un historien saura un jour énergiquement flétrir, on ne connaît
pas les lois régulières de l'art, celles qui émanent de
Dieu, et qui, en reflétant l'infini, sont la vérité. Heu-

reux ceux qui touchent à la coupe éblouissante des rêveurs de profession, et qui savent faire un choix judicieux entre le mensonge et ce qui est juste ! Heureux ceux qui poursuivent cette vapeur radieuse de la gloire en se tenant à l'écart des productions modernes, si éloignées de la beauté antique ! Ils évitent ainsi de faire passer leur âme dans leur ventre, ce dernier refuge de l'idéal dans des sociétés matérialistes.

Au lieu de respirer dans un monde sûr, discret, qui conseille et éclaire ; au lieu d'imiter Virgile, Rousseau, Shakespeare, Corneille, Voltaire, ces bons, ces vrais, ces fidèles amis, nous sommes descendus au terre-à-terre des scènes de ménage, à la copie servile et, pour ainsi dire, photographique, des petits horizons de l'univers : drames, romans, poèmes, tout vit aujourd'hui de cette vie étroite et matérielle. En poésie comme en littérature, c'en est fait, pour le moment, des vastes compositions ; plus de haut lyrisme ni d'épopée. Le cadre s'est de plus en plus resserré comme la pensée. Des hauteurs de l'inspiration, où la contemplation du beau nous avait élevé, ce médiocre contact a rétréci les sources de la pensée.

Nos vaudevillistes considèrent l'esprit comme une insulte faite à leur propre intelligence ; nos dramaturges les plus distingués, qui s'amusent à repétrir l'argile de Voltaire avec un rire pincé qu'on prend pour de la gaîté, exaltent les Desdémone qui fument les cigarettes au coin des rues.

Homme insensé ! regarde ta conscience ; il n'y a rien de plus beau, de plus profond, de plus sombre que toi sur la terre ; regarde la nature que tu connais à peine ; il n'y a rien de plus mystérieux et de plus imposant qu'elle sous le ciel ; laisse dans l'ombre les petits détails. — Rien n'est moins rare, dans l'histoire, que de voir les nations renverser les idoles qu'elles ont adorées, exalter de nouveau les noms qu'elles ont couvert d'opprobre. — Attache-toi donc aux grands principes, qui restent immuables au milieu de nos transformations.

L'athée se fait dévot ; il applique à son front hautain le masque grimaçant de Tartuffe, comme pour mieux se moquer de Dieu. Dévoile-le froidement.

Les femmes se disputent le caprice d'un adolescent, comme le mouchoir d'un sultan. N'hésite pas à crier, avec une voix vigoureuse et dont on sentira, pour ainsi dire, respirer la vertu : Silence à l'orgie !....

Les intrigants cachent une ambition naïvement âpre sous la forme austère des doctrines les plus indépendantes, et des hypocrisies sous l'apparence des plus intègres probités. Des hommes vulgaires font tous les jours de leur impuissance un piédestal à leur orgueil. Frappe-les courageusement ; et alors, ô poète ! tu seras un incomparable artiste et un homme de cœur.

La vie s'allume et s'aimante à la vie, s'éteint par l'isolement. Quand elle se mêle aux vies différentes d'elle-même, plus elle devient solidaire des autres existences, et plus elle existe avec force, intensité. La vaste enceinte d'un théâtre où s'entasse la foule peut enrichir nos facultés intellectuelles. Les fidèles et les amoureux de l'art ne manquent pas. On attend le *révélateur*, qui joindra à l'admirable lyrisme de Victor Hugo la pensée profonde du philosophe qui illumine l'horizon.

SALES ÉDOUARD.

Professeur de Déclamation et d'Art théâtral

Toulouse. — Imp. CAILLOL et BAYLAC, rue de la Pomme, 34.

www.ingramcontent.com/pod-product-compliance
Lightning Source LLC
LaVergne TN
LVHW021806060726
842528LV00003B/1166